Hernán Alejandro Olano García

POEMARIO

Hernán Alejandro Olano García

POEMARIO

Desde el sillón de la Academia

JustFiction Edition

Imprint

Cover image: www.ingimage.com

Publisher:
JustFiction! Edition
is a trademark of
International Book Market Service Ltd., member of OmniScriptum Publishing Group
17 Meldrum Street, Beau Bassin 71504, Mauritius

Printed at: see last page
ISBN: 978-620-0-49091-9

POEMARIO:

Desde el sillón de la Academia.

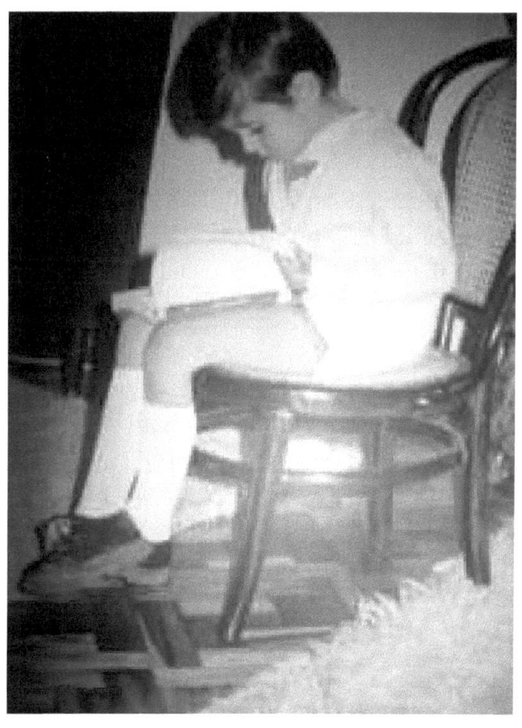

Hernán Alejandro Olano García

Individuo de las Academias Colombiana y Boyacense de la Lengua.

2020

POEMARIO: Desde el sillón de la Academia.

www.hernanolano.org.co
@HernanOlano en Twitter e Instagram.

Director editorial: Hernán A. Olano Leiva.
Fotografía: Jorge Eduardo Mejía Carantón, 1973.

POEMARIO: Desde el sillón de la Academia.

Éste Poemario, corresponde a los textos elaborados por el autor en su mayoría, durante diferentes sesiones de la Academia Colombiana de la Lengua, mientras sus colegas efectúan hondas elucubraciones sobre el idioma y la literatura.

Olano, con libertad estilística, recoge en forma de rimas las intervenciones y así, en poesías y vocablos convierte en milagros de cadencia los sonidos metálicos del micrófono y su abuso inusitado.

N. de la R.

RIMANDO EN EL SOLAR

En el recuerdo de la casa solariega,
El papayuelo, el brevo y el solar,
Eran el feudo de mi bisabuela,
Y en su mesa estaba el hogar.

*

Traducir los matices del idioma,
Muchas veces nos altera la coma,
Y un verdadero amante del castellano,
El diccionario debe tener a la mano.

*

Joven iconoclasta e irreverente,
Su papel lo cumplía con mal ambiente;
Volverse capitalista y del banco cliente,
No podía a sus colegas mirar de frente.

*

La poesía no es para todos,
Yo la ensayo, de todos modos.
Cadencia, musicalidad y rima,
Son difíciles hasta para la cima.

CIUDAD ABIERTA

¡Ciudad abierta!
Aquella que se puede saquear,
Y que la vida puede anular.

¡Ciudad abierta!
La que la familia quiere destruir,
Que los niños admite matar o vender,
Y que la mujer puede explotar.

¡Ciudad abierta!
La que todo lo puede esclavizar,
Y no permite nunca protestar.

¡Ciudad abierta!
Por ti, sólo nos queda rezar.

LORENZO MARROQUÍN.

(Bogotá, 1856 - Londres, 1918).

Pax fue su gran novela histórica,
su texto muestra una república,
que dividida en bandos agresivos,
retrató el fratricidio lesivo.

*

En el paisaje gris y desapacible,
la muerte llegaba imbatible,
generando la soledad lúgubre,
"Gloria al duelo", su lema fúnebre.

*

Llegaban voces de terror, vivaces,
que enmarcaban esos gritos feroces,
los cuales arruinaron a la nación
y destruyeron a Colombia sin compasión.

*

Narró don Lorenzo la realidad grotesca,
esa que nació con el Florero en gresca,
y se extendió dos siglos como sin más,
lo cual nos ha impedido obtener la Pax.

A RODÓ.

El Ariel de J.M. Rodó,
Poco o nada me gustó
Y al igual que Juan Zorrilla,
No me sacó ni una cosquilla.
*
De sinigual dimensión y calado
Esos libros no llegaron a este lado,
La orilla izquierda del Atlántico
Muy poco sirvieron a este público.
*
Murió en Sicilia sólo y olvidado
Barbado, sucio y muy descuidado
Rodó, poeta del liberalismo,
Con Ariel generaste cataclismo.
*
Apreciaste mucho más el realismo
Que las obras sobre el naturalismo;
Analizaste otras corrientes literarias
Pero criticaste a Rubén Darío como paria.
*
El sentimentalismo decadente,
Ya no es para la gente decente;
El hombre y su realidad integral,
Sólo está predestinado al mal.

*

Los nuevos motivos de Proteo,
Y el mirador de Próspero,
Antologías de ensayos y camafeos,
Que al leerlos generaron peros.

*

Estudiaste a Carlos Arturo Torres
Y a Idola Fori le echaste flores.
Fuiste un escritor modernista
Y en la música, impecable flautista.

*

Maestro altivo y generoso,
Te llamó Juan Ramón Jiménez,
Otro de los grandes creadores y pensadores,
Que en nuestro cerebro y alma hicieron
pozo.

ORACIÓN A SAN PABLO VI.

¡Oh Dios!, que por la intercesión de la
Santísima Virgen María, concediste a
San Pablo VI la fortaleza de capitanear la
barca de
Pedro en tiempos de tempestad y
turbulencia,
Permite que sus tres claves esenciales:

(i) tomar conciencia de lo que está llamada a ser la Iglesia;
(ii) Renovar y reformar y,
(iii) Dialogar para construir,

Sean las claves dominantes de mi actuar,
Y, para que sepa defender la vida humana,
Desde la concepción hasta su muerte
natural.
Por Nuestro Señor Jesucristo, que vive y
reina,
Por los siglos de los siglos, amén.

ORACIÓN AL VENERABLE MONSEÑOR MIGUEL ÁNGEL BUILES.

Oh Dios, Todopoderoso que llenaste a tu hijo Miguel Ángel, Obispo, de abundantes tesoros de gracia en el ejercicio de sus deberes como pastor misionero y como cristiano bueno y fiel, haz que yo sepa llevar la luz de Cristo y su mensaje como servidor y anunciador del Evangelio a los hombres y mujeres de buena voluntad, animado por la férrea constancia en la defensa de los derechos de la Iglesia; dígnate concederme por su intercesión, el favor que te pido... (Pídase). Así sea. Padrenuestro, tres Avemarías y Gloria.

MÉXICO 68

Ciudad de México añorada,
Con su Virgen acompañada,
Nos muestra grandes tesoros,
Tanto a católicos como a moros.
*
En la laguna de Tenochtitlán
La linda morena, Apatzingán,
Nos envía con san Juan Diego
Su bendición y apoyo del cielo.
*
En 1521 Cuauhtémoc y Cortés
Lucharon por primera y única vez,
Y la fusión de razas comenzó
Para el nuevo pueblo mestizo.
*
Caminando por Hidalgo y por Reforma,
Insurgentes, Santa Fe y La Condesa,
Zócalo, Garibaldi y Edesa,
Encontramos el museo de la loma.
*
En el año 68, los estudiantes
Víctimas del régimen reinante,
En Tlatelolco fueron sacrificados
Y sus cadáveres al horno arrojados.

*

Mientras tanto, el tirano Díaz Ordaz
Pasaría a la historia por mordaz,
Inauguraría los Juegos Olímpicos,
Dándole al pueblo, pan y circo.

*

EL GOLPE DE 1900

Como una fría estatua viviente.
Gobernaba el presidente Sanclemente,
Derrocado por el buen Marroquín,
Más cristiano que los santos Ana y Joaquín.

*

JORGE ZALAMEA

El gran Burundí Burundá,
Era el poeta Jorge Zalamea,
Apodo sonoro de verdá
Mucho mejor que una vieja fea.

A LA ACADEMIA

En la carrera de Túquerres uno,
El diez de mayo de 1871,
Caro, Marroquín y Vergara,
Fundaron la Academia Colombiana.
*
Fueron doce los primeros académicos,
En homenaje a los apóstoles
Y con honor, compromiso y desafíos,
A la lengua le encontraron grandes dones.

*

A ISABELA

Lorenzo y su madre Lucrecia,
A ti te hacen mucha compañía,
Pero mucho más el Ángel de la Guarda,
San José, Jesús y María.

EN BELLAS ARTES.

En el Palacio de Bellas artes,
Rivera y Picasso echaron suertes,
Para continuar un diálogo inconcluso
Y su pensamiento sigue allí recluso.
*
Pareciera que su estilo de cubismo
Hoy en día fuera un anacronismo,
Pero sus formas, líneas y colores,
Para nosotros siguen siendo los mejores.
+
Está muy cerca de allí,
El Palacio Negro de Lecumberri,
En la Delegación Venustiano Carranza,
Se torturaron presos a la vieja usanza.

FELIPE PÉREZ.

Para Antonio José Rivadeneira Vargas.

*

Don Felipe Pérez Manosalvas,
Ciudadano y patrón de almas,
Ilustre caballero de Soconsuca,
Hermano de Santiago, presidente de la
República.

*

Estudiante del gran Colegio del Espíritu
Santo,
Del que se graduó en Derecho Diplomático,
Escribió sobre doctrinarismo y
autoritarismo,
Tuvo grandes cargos y poco simplismo.

*

Gobernador de Zipaquirá y geógrafo,
Presidente del Estado Soberano de Boyacá,
Todo lo cuenta Rivadeneira, su biógrafo,
Tan elocuente como los de Chiquinquirá.

*

Se reúnen las academias en Bogotá,
Para recordar su prestigio intelectual,
Al igual que enaltecen a este hombre radical,
Ejemplo de los ideales de la república.

EL ASCENSO DE RIVADENEIRA

El mester de juglaría
Y el mester de cleresía
Dos estilos de poesía
Expuso en su posesión Rivadeneiría.

Intervino sobre el lienzo de Chiquinquirá
Sublimemente renovado y venerado,
Comprado para una hacienda de Tinjacá
Y en Tunja, originalmente pintado.

Para exaltar de la Virgen sus virtudes
Y de los Santos Antonio y Andrés,
Hoy en día se agolpan multitudes,
En la Sarabita planicie de la fe.

Entrega, meditación y profunda oración,
Nos motiva hacerle una peregrinación,
Para pedirle milagros con gran devoción,
Porque ella es Reina y Señora de la nación.

JOSÉ MANUEL RIVAS SACCONI,

Prócer de la cultura hispánica.

*

Diplomático, latinista y literato,
Filósofo, abogado y economista,
Con huella indeleble profesor y decano,
Destacado escritor y periodista.

*

Castellano, prosodia y ortografía,
Gramática, fonética y morfología,
Muchas asignaturas con alegría,
Fueron del idioma parte de su vida.

*

Su indeleble huella en el Caro y Cuervo,
De *Thesaurus linguae latinae* fue nervio,
Académico de renombre y filólogo,
Hijo de la condesa y el antropólogo.

*

Letrado eminente y estilista,
Su huella era el *laus Deo*,
Con el cual la imprenta marcó derrotero,
Desde Yerbabuena el mundo conquista.

*

Fecunda universalidad le dio al legado

De Cuervo, ese hombre aventajado;
Organizó de Andrés Bello el Seminario
Y elevó las letras en su campanario.

*

Rivas Sacconi, desde la Silla C,
Iluminó con su prestigio la Santa Sede,
Fue Canciller, Ministro y Embajador,
Pero por sobre todo, un gran Señor.

*

LOS NUEVOS

Otto de Greiff, Rafael Maya, Luis Vidales,
Poetas de "Los Nuevos", en pañales,
Frente a Baudelaire y Rubén Darío,
Tal vez porque aquí hace mucho frío.

*

LA ATENAS SURAMERICANA.

Ardila Duarte Benjamín,
Con un buen discurso sin fin,
En la Academia tomó posesión,
Hablando con gran fruición.

*

Sobre Colombia como Atenas,
París y el desierto francés,
Despertó en todos gran interés
Y ahogó en poemas las penas.

*

Habló de la caricatura colombiana
Y del aporte de cada vereda lejana,
Cada parcela hace su contribución,
A la lengua de esta gran nación.

*

Guiomar por las mujeres reclamó,
Sólo seis Ardila incluyó,
Pero el discurso su curso siguió
Y el público también se alteró.

AMELIA DENIS

La gran poeta itsmeña.

*

Amor, libertad y protesta,
La autora de hojas secas,
Panameña y dulce poeta,
Ilustre heroína de siete décadas.

*

El sentido de patria en Panamá,
Fue el rescate de quien era su mamá.
Amelia no se conforma
Y la hija de Saturnino hace la reforma.

*

De familia ilustrada y con cultura,
De mano dura, no abandonó su dulzura;
Escribió a su amado hijo Florencio,
Y versificó para alivio de su ocio.

*

Fuente, luz, dolor y mundo,
Poeta y costurera de segundo,
Su literatura no fue silvestre,
Procedía del valor rupestre.

*

Poseía como tesoro la inspiración,
Y ella sufrió el dolor de la separación,
La separación de Panamá y Colombia,
En el cerro Ancón le dolió la patria.

*

LAS PREGUNTAS A LA ESFINGE.

¡Oh esfinge! Consejera muda,
Todo lo que te pregunto mi cotuda,
Lo escucho en la trompa de Eustaquio
Y se graba en el alma de este tío.

*

Muchos se acercan a tu oído
Pero los alejas con tono presumido
Y como quien parte la baraja
Los dejas como zapatos en su caja.

*

El corazón, palpitante y henchido,
Lleno de pasión por la mujer amada,
Como la multitud que se ha esparcido,
Frío y silente, queda en la nada.

GUIOMAR

A Guiomar Cuesta Escobar.

Quiso la apreciada Guiomar,
A babor y estribor navegar;
Y a su padre homenajear,
Por bien saberla bautizar.

Como la hija del maestro Valencia,
Su nombre es de gran cadencia,
De raíz árabe fue en nombrar,
A las que su nombre saben llevar.

Su marido Ocampo Zamorano,
escuchó el gran estudio muy cercano,
y en el paraninfo oyó recitar,
nada menos que a su amor, Guiomar.

Mientras tanto, en otro lado,
La admiraba don Antonio Machado,
Quien también supo aquí estar,
Porque amó igual a una Guiomar.
También el negro Miguel, desde Buría,
A su linda Guiomar enamoraría,
Y desde el cardenal Pacceli y la Javeriana,
El épico nombre de nuestra Guiomar, repica
como campana.

Admirada Guiomar:

Amaneces bañada en flores de poesía. No le conocía yo esta destreza a Hernán Olano. Aplausos para los dos. La poesía será siempre, para quienes la sentimos y la llevamos en el alma, el hada oculta que nos enternece la emoción y nos muestra la cara amable de la vida.

Felicidades,

Gustavo Páez Escobar.
Novelista, ensayista, cuentista y biógrafo colombiano.

Hernán:

Mil y mil gracias por tu oído tan atento, que recuerda hermosos detalles que dieron origen a este fabuloso poema.
Es un detalle muy especial que indica tu atención a mi disertación y cómo retuviste detalles significativos y valiosos. Puede que le falte algunos toques, pero lo esencial para mí está allí, a la luz de tu ser interior.

Va mi afecto y agradecimiento,

Guiomar Cuesta Escobar

Diciembre 12 de 2017.

ÁLVARO RODRÍGUEZ GAMA.

Caballero y sabio con gana,
Es nuestro Álvaro Rodríguez Gama,
Psiquiatra y técnico lingüista,
Perito legal y gran "jurista".

Su diccionario médico en línea,
Incluye Parkinson, Alzheimer y apnea,
Y según la Organización Mundial de la
Salud,
A 55 millones llega con plenitud.

Ocupa la silla "R" de Echavarría,
Y allí luce su sabiduría,
Los premios Nobel su gran obsesión,
Que analiza siempre con devoción.

Apreciado poeta:
Muchas gracias por sus ingeniosas rimas.
Un cordial saludo,
Álvaro Rodríguez Gama, M.D.

PEPITA DE MAÍZ

Pepita de maíz,
Que a todos haces feliz,
Haces parte de la mazorca,
Que aprieta pero no ahorca.

Nuestros indígenas ancestrales,
Te aprovecharon a raudales,
Envueltos, chicha, arepas
Y alimento de gallinas cluecas.

¡Oh! Americana planta gramínea,
Fuente de vitaminas y proteínas,
Calma mi hambre y envuelve ligero,
Mi tuza con tu amero.
.***.

EL MAÍZ

Gramínea planta de grueso tallo,
De hojas largas como piernas de gallo,
Con racimos de flores masculinas
Y espigas axilares femeninas.

Tu producto, la mazorca,
Que en amarillos granos reconforta,
Crea nutrientes alimentos,
Arepas, panes y envueltos.

Tus jugos emborrachan,
Con la chicha, bebida grata;
Mientras que con la tusa,
Se tapa, lo que nadie usa.
.***.

GUAYAQUIL

San Pedro es la catedral
De Guayaquil, ciudad colonial
De la provincia de Guayas,
En el parque de las iguanas.

Monseñor don Juan Larrea,
Sabio y docto donde sea,
Impulsó con emoción
Toda pulcra devoción.

Allí, al visitar con atención,
Encuentras un vitral de rosetó,
Parecido a Notre Dame de París,
Pero con un americano matiz.

Guayaquil, tierra calurosa,
Estás adornada de mil cosas;
Museos, calles y rivera airosa
Aunque muy poca mujer hermosa.

A OLYMPO.

¿El venerable extravió la venera?
No, la venera del venerable
Un pícaro varejón veleño
La robó y vendió en Ventaquemada,
O en alguna vereda vianiceña.

El caso es que el venerable,
Tuvo una viaraza con esa vergajada
Y se sintió vejado y casi en estado
Vegetativo por ese vejigazo.
.***.

LA ELLE.

La llaga que te causó la llama,
Es llamativa, como la llovizna
Del llano; se cura con llantén,
Así te cause triste lloriqueo.

.***.

LA CHÉ.

Del cha (té) a la chuzonería (burla),
La che con su doble figura,
Su escritura indivisible y su
Articulación predorsal, prepalatal,
Inicia el diccionario universal.
Así, el chacal de la chabola,
Hijo de un chacarero chabacano,
Toma chocolate y hace chacota;
Navega en la chalupa con la chagorra,
Chacha muy chafandín pero churra,
Chuznieta de su chozna, otra chuquisa,
A la quien le gustaba churrupear con
chalanes,
Con los que tuvo varios churumbeles,
Algunos chuscos, pero en realidad chusma,
Aunque a su chulo, el chofer,
Todo eso le importa un chorizo.
.***.

DON ZÓCIMO.

Cerrando el año en la Villa,
Se conoció una noticia malilla:
Que se ha muerto don Zócimo,
Quien por comer pan ácimo,
Mezclando eso con tocino,
Se sintió pésimo del estómago
Y se fue sin dejar ni un décimo.
Su esposa está tristísima,
Por esa pérdida dolorosísima,
Pero Zócimo fue enormísimo
Y así, su memoria será larguísima.
.***.

ELISA MÚJICA

Dieciocho doctas mujeres
Autoras de poemas, sus menesteres,
Han sido académicas desde 1978
En la colombiana de la calle dieciocho.

Doña Elisa trabajó con Lleras Restrepo,
A quien ayudó siempre con respeto;
Marxista y poeta; cuentista y ensayista;
Ángela y el demonio, fue primero en su lista.

En España recobró el catolicismo
Y escribió sobre la doctora del misticismo,
Teresa de Ávila, la matamoros
Y sobre Josefa del Castillo, tunjana de oro.

Primera mujer gerente de banco,
Que a la cultura aportó tanto,
Con las raíces del cuento popular,
Se coronó en la Academia su andar.

La aventura demorada y otras novelas,
Integraron el inventario de la bumanguesa,
Junto con "Bogotá en las nubes", sin pereza,

Enseñó la vida de Mutis, el dragón y otras
proezas.

El pequeño bestiario, de gran estirpe,
Era su casa del Palomar del Príncipe;
Refugio de perros, canarios y gatos
Y de poetas, leguleyos y mojigatos.

Amante del Barrio de la Candelaria,
Su legado fue condecorado con la de
Boyacá,
El lenguaje claro, limpio, como el de acá,
Herencia del gobernador de la ínsula
Barataria.

***.

Febrero 19 de 2018, en el centenario del natalicio de Elisa Mújica, primera mujer miembro de número de la Academia Colombiana de la Lengua y primera dama colombiana en ser correspondiente de la Real Española.

GIACOMO LEOPARDI

Giacomo Taldegardo Francisco,
El nombre de este conde ensayista,
Muerto de cólera y pesimismo,
Poeta clásico del romanticismo.

Su idilio al infinito y su elegía,
Su canto al amor supremo de alegría,
Fue traducida por Gómez Restrepo,
Que le tenía al vate gran respeto.

El palacio familiar en Recanati,
De sobria elegancia y claridad,
Recoge los tesoros de Leopardi,
Que fueron su riqueza en la austeridad.

Era raquítico y jorobado,
Conocer siete lenguas fue su legado
Y junto con el primer amor
A su prima Gertrudis le causó dolor.

También sus opúsculos morales,
Le causaron a Giacomo grandes males,
Que en Nápoles lo llevarían a la fosa común,
Aunque Raneri le costeó tumba y ataúd.

EL PAPA FRANCISCO EN IRLANDA.

Tierra del verde trébol,
Que es la unidad trinitaria
Iluminada en la tarde del arrebol
Para significar la vida dc al gracia.

Los santos Patricio, Brígida y Galo;
Columba, Killian y Columbano,
Paladio, Brendan y otros santos
Restablecen mi afecto cada tanto.

Allí se reconoce que el amor
Es lo que Dios sueña para nosotros;
Y que las cosas buenas y santas,
Harán que nada nunca nos haga falta.

Agosto 25 de 2018.

DEL LIBRO "OTROS CRÍMENES PASIONALES".

*

ODA AL TRIGO.

*.

¿Quién le ha visto la cara a Dios?
Tal vez un campesino de recia mano
Sólo si le puede decir en castellano
Que al rubio grano lo guillotinó la oz.

*.

En el campo, humildad y fortaleza,
Valor, templanza y coraje
Para erradicar la dura maleza
Y ver el verde y amarillo del follaje.

*.

Grano amarillo que desde el cielo
Eres la gloria infinita de este suelo
De la montaña al altiplano van
Para convertirse en piezas de pan.

Poema ganador en la categoría libre, Concurso de Poesía Universidad de La Sabana – 2016.

FRANCISCO, A SU MADRE GUADALUPANA.

Quiero decirte todo
Mudo y reverente
Pero no de cualquier modo
Sino mirándote de frente.

*

En tus ojos de madre enamorada
En tu nido de tierra transparente,
En tus manos que están entrelazadas,
En tu rostro, que beso reverente.

*

Guadalupana bella y morenita,
Misionera celeste del Nuevo Mundo,
Madre de las Américas,
Déjanos verte un segundo.

*

La tilma de San Juan Diego,
Las frescas rosas de Castilla,
Ante el obispo del pueblo viejo,
Mostraron para siempre tu maravilla.

*

Tonantzin, nuestra madrecita,
Madre de la luz, el sol y la luna,
Acoge a todos niña bonita,
Como no lo sabe hacer ninguna.

CASTILLO INTERIOR, SEGUN LAS MORADAS DE TERESA.

Intro.

Decía Santa Teresa, que la puerta de entrada
al castillo interior es la oración.
-Oración? Para que pelear con la
enfermedad continua y con las
contradicciones.
Para ti, por ti, por los otros, para los otros.
-Tengo dudas, no entiendo tu respuesta, no
hay causa para ello.
Harta merced te hará vuestro Señor.

Moradas Primeras.

I.

Le he suplicado al Señor hable por mí
porque no sé qué decir.
-No eres capaz de hablar por ti mismo?
Claro que no, mi alma es un diamante que
solo Él puede pulir.
-Estúpido, libera tu cuerpo y tu alma.
Pequeña lastima y confusión que no
entiendas lo pequeños que somos.

-Mi grandeza es superior en cuerpo, alma y bienes.
Entonces, si no procuras entender, nunca remediaras tu gran miseria.

II.

No hay tinieblas más tenebrosas ni cosa tan oscura y negra que no lo esté mucho más.
-A mí me gusta esa oscuridad y los placeres que salen de ella.
Si estas en la oscuridad, así serán tus obras.
-Odio ese sol resplandeciente.
En fin, donde esta plantado el árbol que es el demonio, que fruto puede haber?

Moradas Segundas.

I.

Y como se hace para entrar en las segundas moradas?
-Con las palabras y sermones que oye la gente buena, o con lo que leen en buenos libros.
Prefiero ser mudo y sordo y no tener entendimiento.
-Procura entrar en el cielo y no en ti pidiéndole a Dios muchas veces misericordia.

Moradas Terceras.

I.

Como piensas vencer en ese combate?
-Dicen que siendo bienaventurado, pero no quiero intentarlo.
Harta gran miseria es vivir esa vida y no tener humildad.
-Humildad! No la tengo, ni la doy.
Si rezas, el Señor permitirá que saquéis de las sequedades humildad y no inquietud, que es lo que pretende el demonio.

II.

Las sequedades en la oración requieren de ungüento para las heridas.
-Qué tipo de remedio?
La penitencia, que nos hará mucho provecho.
-Para que si yo mismo me perdono?
Mira tus faltas y te espantarás, pero, en silencio y esperanza procura vivir siempre.

Moradas Cuartas.

I.

Encomiéndate al Espíritu Santo y suplícale evitar cosas ponzoñosas.

-Para qué, si lo importante es dar guerra y
gozar de las tentaciones.
Quizá no sabes lo que es amar y de ahí
proceden tus aflicciones.
-Soy como Adán, y solo me someto a comer
y dormir, que ya es harto trabajo.
Te falta conocer tu miseria y tener batallas
interiores para no hacerle burlas al alma.

II.

Válgame Dios en lo que me he metido!
-Es la indiferencia, la falta de meditación y
los pensamientos fatuos.
Como he de combatirlos?
-Ensancha tu corazón, entrégate al Señor
con claridad.
Mi voluntad no puede doblegarse, esa agua
no viene por aquí.

III.

Los efectos de la oración son muchos.
-Paréceme que nunca lo he de entender.
San Agustín la encontró después de haberla
buscado por muchas partes.
-Yo prefiero quedarme en la agitada
juventud de Agustín que en su ridículo
encuentro.

Si lo entendieres, enhorabuena, pero eres de flaca cabeza e imaginación.

Moradas Quintas.

I.

Qué riqueza, tesoros y deleites hay en las quintas moradas?
-Un aposento para la oración y la meditación, "fuerzas en el alma".
Yo pensaba en otras cosas soñadas, oro, diamantes, poder...
-Hasta el amar, si lo hace, no entiende como ni que es lo que ama.
Quieres decir que entonces solo veré miseria y bajeza?

II.

Que no dará quien es tan amigo de dar y puede dar todo lo que quiere?
-Yo tengo mi patrimonio y le he vendido su protección al maligno.
Aun tu alma. No esta rendida ante la voluntad de Dios?
-Por mal que viva, o me enmiende, o pida perdón, para qué hacerlo?
Cuando Dios llegue a tu alma, por fin veras grandes cosas.

III.

Habéis de notar que hay penas y penas que andan por esas moradas pasadas.
-Sigues asustándome? Yo prefiero los atajos.
Pues son grandes los ardides del demonio, que por mostrarnos los atajos, nos presentan las puertas del infierno.
-Yo gusto de las virtudes fingidas y de la vanagloria.
Mejor mira lo que costó a Dios el amor que nos tuvo, que por librarnos de la muerte la recibió en la Cruz.

IV.

Si el alma se descuida, pone su afición en cosas que no son.
-Prefiero el descuido del alma que dejar mis concupiscencias.
Tú y muchas personas encumbradas llegan a ese estado por las sutilezas y ardides del demonio.
-A mí me parece que estas equivocado.
Procura ir siempre adelante y si esto no hay, anda con gran temor para evitar el asalto.

ELEGÍA A DAVID MEJÍA.

I.
Esta es una elegía
Dedicada a David Mejía,
Quien con tanta alegría,
Poesías componía.

II.
En Medellín nació,
En sus montañas estudió,
Como Bolivariano se graduó
Y en poco tiempo ejerció.

III.
En el cincuenta se volvió romano,
Allí con Josemaría de la mano,
Presenció el cónclave vaticano,
Que eligió un sucesor de Urbano.

IV.
Como ilustre canonista,
Desató complicadas causas,
También fue cronista,
En comunicación de masas.

V.
Elliot fue como su hijo,
Ejemplo para sus alumnos,
de lejano y prolijo
origen de Saturno.

VI.
Santa Fe de sus amores,
Tantas tristezas le generó,
Con otros hinchas promotores,
Nunca lo vio campeón.

VII.
Decano y humanista,
Comunicador y jurista,
Escritor y columnista,
Historiador y ensayista.

VIII.
Fundador de La Sabana,
Que con otros quiso crear,
Con el propósito de generar
En educación un mejor mañana.

PENITENTE DE AMOR.

Mi mano está vacía de ti,
no tengo tu calor para que abrigue mi alma,
cada vez más, pienso que en mí
no hay oportunidad de encontrar la calma.
+.
A veces te veo frente a mí,
pero tan solo tengo tu recuerdo,
tan grande, tan indecible, tan hostil,
algo en lo que siempre concuerdo.
+.
Estás lejos,
es algo tan grande, tan indecible,
que no me llegan tus consejos,
que me dejan triste e irredimible.
+.
Perdón, quiero lograr con la confesión,
tan solo percibo la soledad de ti,
nunca podré lograr la anhelada redención,
y seguiré con mi lamento guaraní.
+.
Mi mente no deja de evocarte;
Tu sabes que este amor desesperado,
El corazón en mi ser siempre te ha buscado,

Y aunque esté lejos de ti, solo vivo de adorarte.

EN VILLA DE LEYVA.

*.

Ante la plaza campesina
Tierra de roca y pedregales
Antiguo campo de trigales
Se escucha la música que fascina

*.

Con el asombro del planeta
Surge en la multitud un poeta
Hace versos a raudales
Y la gente se mofa a caudales.

*.

Se siente un frío de páramo infinito
Como si fuera un camposanto bendito
Y dicen: Este que rima en los altares
No hace más que decrépitos malabares.

EL CAUDILLO.

El caudillo constuprador
Se acerca a las mujeres
Les dice: soy el terror de las célibes
Y el más peligroso consumador.
*.
Se acerca a él un mozo fiero
Le dice: Caudillo mujeriego
El honor de mi pueblo voy a vengar
Y en este campo la habrás de pagar.
*.
Reluce el brillante sable
Es un momento de sombra eterna
Rueda la cabeza, cae una pierna
Es el fin del mozuelo amable.
Paredón de los mártires
*.
El caserón luminoso
Sus jardines llenos de espigas
En realidad, todo es hermoso
Si no matamos las hormigas.
*.
Al declinar el día
Pensando sólo en filosofía
Entre los torreones

Se ven los tristes paredones.
*.
Esos muros de mortecinos colores
Serán el cadalso de los mártires,
Los realistas alistan las bayonetas
Con las que cumplirán sus metas.
*.
Próceres de Tunja olvidados
Tu recuerdo no ha sido resguardado
Y de Ustedes se dirá que han conspirado
Como si fueran traidores del Estado.
*.

VARIOS:

Encuentra el amor de Dios, que salva.
*.
Santidad, vocación al amor.
*.
En la familia, alegrémonos con los que están alegres y lloremos con los que sufren.
*.
¿Cuándo entenderemos que debemos vivir con más simplicidad y pobreza?
*.
La sinceridad es la clave en la vida familiar.
*.

CAMPO DE CEBADA.

*.

Sembrada perlada o dorada
Así se produce la cebada,
Alma de la querida cerveza
Que entusiasma ideas en la cabeza.

*.

Culminaba el mes de diciembre
El sol refulgía en el campo
Y en cada momento está presente
El calor del fogón, la voz del tango.

*.

El niño ante su madre perora
Golpeando la mesa con la mano;
Tengo sed, ha llegado la hora
Vamos a comer a casa del escribano.

*.

Ese escribano repasa libros judiciales
Y limpia para ello sus gafas de cristales
Fulgidos los ojos, fijos en la nada
Aunque en realidad, están en sus campos de
cebada.

LA ACROPOLIS CHIBCHA.

En Tunja, Gea, la Tierra misma,
Se adorna de vientos gélidos:
Noto y Euro, son sus nombres,
Enemigos de Céfiro el viento tibio,
Y del cabello de náyades y nereidas.

El arconte de la ciudad vieja,
Ejerce ungido por el pueblo,
Su autoridad en forma compleja,
Sin ningún temor ni remuelo.

Ante hombres amables y afectuosos
Muere Ctonio, la serpiente monstruosa,
Mientras Plutón, rey de la abundancia,
Reclama a Hunza con arrogancia.

Más sin embargo, Zeus en Olimpo,
Dicta su cruel sentencia,
Nadie ganará Tunja por un tinto
Y así, el frío siempre hará presencia.

El presente libro

POEMARIO: DESDE EL SILLÓN DE LA ACADEMIA.

Fue publicado por el Barón de Tesalónica, dentro de su Colección Bibliográfica, en conmemoración del cumpleaños 50 del autor.

-Laus Deo-

Printed by Books on Demand GmbH, Norderstedt / Germany